无处不在的经济学

钱是怎么来的

那些钱我怎么都不认识?

程 子 著 胡锦平 编绘

二十一世纪出版社集团
21st Century Publishing Group

目 录

代 序

女儿程子自幼天真烂漫，喜欢看书、讲故事、写写画画，有梦想，有追求。长大后，她更是将自己的兴趣爱好投入到现实生活中，出版了绘本，发表了诗歌、杂文等作品。作为父亲，我很欣慰，并希望她能坚持下去，让人生更加丰富多彩。

女儿长期从事经济工作，在经济基础理论、银行业务操作、金融改革创新等方面颇有心得。读了这套《无处不在的经济学》，我很受启示，获益匪浅。

首先是知识性。金融业在我国的发展，特别是走进千家万户的生活，还是要从改革开放以后说起。这套书从基础的经济学知识，如货币的产生与演变说起，详细阐释了以物易物、实物货币、金属货币、纸币、电子货币、数字货币等概念，帮助读者了解货币在漫长的历史长河中的职能和作用。

其次是趣味性。与金融相关的概念、理论、产品深奥难懂，比如信用卡、借记卡、外币兑换、现汇买入价、现钞卖出价等。《无处不在的经济学》系列用浅显易懂、通俗朴实的语言把这些概念说得一清二楚，而且富有趣味性，引人入胜。

最后是实用性。金融是伴随人们生产生活而产生、发展和创新的，它和人们的生产生活息息相关。《无处不在的经济学》系列具有很强的实用性，针对消费、投资、纳税、保险、通货膨胀等现实生活中经常遇到的问题，都做了具体的阐释和说明。

这套《无处不在的经济学》系列是女儿写给孩子们的财商读物，也是女儿从事多年经济工作的心得与体会。女儿非常喜欢孩子，擅长给他们写故事，知道如何表述才能和孩子们产生共鸣，让他们在轻松愉快的阅读中了解经济学知识。因此，这套书非常适合孩子们阅读。

相信孩子们会喜欢这套书，希望孩子们在收获知识的同时，也能享受阅读和思考的乐趣。

胡杨

2023年7月 北京

人物介绍

嘿！
我叫贾明，是小美和皮皮的爸爸。我从银行离职后，自己开了公司，现在已经五年了。
孩子们都说我是知识小宝库，是他们心中的好爸爸。
好吧，我加油！
嘿！
我叫陈芝，是小美和皮皮的妈妈，也是公司和家里的财务总管。
除此之外，我还负责两个孩子的衣食玩乐。
孩子们说我是“辣妈”，实际上我甜着呢——只是在他俩面前有点严。
嘘！
嘘！

大家好！
我是贾小美，
皮皮的姐姐。
我喜欢唱歌！
啦！
啦！
啦！
跳舞！
嘎吱
嘎吱
朗诵！
啊！
啊！
我是爸爸妈妈的乖乖女，
也是他们的贴心小棉袄。
嗯哼！
我就是他们的
皮皮！贾皮皮！
哼！不公平，小美只比我
大三岁，为什么总指挥我？
不过没关系，我最聪明、
可爱，数我主意最多。
我喜欢滑冰！
拼装玩具！
还有就是什么都
想尝试一下！
哎哟！

不可以烤书！
老爸的书发霉了，
我想烤一烤杀菌。

1 不花钱也能“买”东西：神奇的以物易物

下雨天爬山？
太刺激啦！
!
下吧！下吧！
下大些吧！
皮皮，雨天路滑！
小心！
?!
大家加油！
雨后的山顶更美！

妈——我渴！
妈——
我饿！
?
咦，水没了？
吃的也没了？
啊？
?!
我渴得不行啦！
我饿得不行啦！
老弟呀！
老姐呀！
呜哇——

快看，前面有家小卖店！
一家小卖店
俺去去就来！
咻
咻
哎呀！
手机落在
车上了……
用我的！
哎呀！
没电了……

老弟呀！
老姐呀！
?
哇——
好想吃烤鱿鱼！
好想吃冰激凌！
烤鱿鱼会有的，冰激凌也会有的！
没手机！
没钱！
没关系！
这怎么可能难倒你们的老爸！
一家小卖店
等着！
哧溜！
哧溜！
?
?
?
?
?
?
?
?
?

布谷，布谷，布谷！
我回来啦！
盒饭！
通通都有！
冰激凌！
烤鱿鱼！
真好吃！
真香！
等等，老爸哪来的钱？

老爸没带钱，
是用墨镜换的。
那可是你最
心爱的墨镜啊！
用墨镜
怎么换？
嘿嘿，我这叫作
以物易物。
异物？
咦呜？
以物易物，就是用自己的
物品和别人的物品交换。
老板对我的这个想法
很感兴趣。
老板，
换吧！
烤鱿鱼……
刺啦
刺啦

老板，
老值钱啦！
继续烤鱿鱼……
噼里啪啦
装酷的同时烤鱿鱼……
唰
唰
再见，我的
耍帅墨镜。
老爸，你太
伟大了！
老爸，你真棒！
我以为没了手机，
没了钱包，就买
不到东西了。
哈哈，
不会的。
其实很久很久以前，我
们的祖先都是以“物物
交换”的方式来获取自
己需要的东西的，那时
哪有钱的概念呀！

咦，钱不是一直存在的吗？
不是的，我们现在使用的钱，是在几千年的漫长岁月中发展演变而来的。
演变来的？怎么演变呀？
老爸！到底什么是以物易物？
老贾呀，交给你了！
别急别急，我现在就讲。
在远古时代，我们的祖先住在山洞里。

他们靠打猎、采集野果和捕捞为生。后来，随着智力水平的提高，他们学会了制作简单的工具来狩猎。
啊噜噜!

他们还学会了播种、驯服和饲养野生动物，渐渐地，他们获得的食物也多了起来。

咕咕咕!
汪汪汪!

后来，大家就把吃不完的鱼呀，肉呀，果子呀等拿去跟其他部落交换，这就是以物易物。
呜呜!
哦哦!

比方说，小美是捕鱼的，皮皮是采果子的……
不要！我不要捕鱼！
我也不要采果子！
好好好！
比方说，皮皮是捕鱼的，小美是采果子的。皮皮捕的鱼多得吃不完，小美采的果子多得吃不下。
我“好多余”啊！
正好皮皮想吃果子，小美想吃鱼，你俩分别拿出各自多余的鱼和果子，进行交换。
交换！
你俩都得到了想要的,实现了交换，这就叫以物易物。
好小的果子！老姐真小气！
好小的鱼！老弟真小气！
我用多余的练习本和同桌交换过好多的铅笔，这也算是以物易物吧，原来古人早就做过了！
贾小美，我是被你逼着换的！

啦啦啦，种太阳。
啦啦啦，种太阳！
水
老爸，我用歌声换老姐的笑，这算什么交换？
我才不笑呢！想得美！
种——太——阳！
我好渴！我好热！我想吃冰激凌！
现在晓得渴啦？热啦？大热天唱什么《种太阳》！
天上有一个太阳就够了！
嗯嗯嗯！
怎么才能吃到冰激凌呢？

有办法啦！
哈哈！
哈哈
哈哈
皮皮——别乱跑！
喂——
皮皮——买草莓冰激凌，那个更好吃！
嘿嘿！
让他们去吧！
过了一会儿……

冰——激——凌——
怎么了？
冰激凌！
皮皮想……
爸爸的以物易物不管用！
皮皮还想……
我想用豪特凡卡片和老板换冰激凌！
老板叔叔，换吧，老值钱啦！
老板没答应！
为什么？

他说这是小孩玩的东西，还说他既没结婚，又没小孩。
小卡片！大快乐！
老板，来两串豪特凡卡片！多加辣！
再说了，哪有大老爷们儿玩卡片的？
左看 右看
喏，
看——那边！
对老K！
王炸！
过！
强词夺理！
他就是不想换，又不是卡片的错！
好了好了，别吵了。

总之——
不管用！以物易物！
老姐——
老弟——
冰激凌！
有的时候，以物易物
确实不管用。
真的吗？
再举个例子吧，
比如皮皮是
采果子的……
我才是采
果子的！
我是捕鱼的！

对对对，皮皮是捕鱼的。
皮皮想用鱼换小美的果子，
可是小美不需要鱼。
换果子，老姐！
想得美！
小美需要别的东西——
我想——
换裙子，妈妈！
我好想拥有一支
永不褪色的口红！
喂喂喂，老陈，
跑题啦！
哈哈！
孩子们，在这种情况下，
以物易物就行不通啦！
真不方便！

那怎么才能一直交换成功呢？
寻找到各部落公认的一种媒介，也就是——等价物！
等价物？是什么怪物？
哈哈，等价物不是怪物，但比怪物更厉害！
比如，皮皮班上的男生们都喜欢豪特凡卡片。
我爸怎么会有豪特凡卡片？
大家商定，5 张卡片换 1 本本子，
日记本
4 张卡片换 1 支笔，
3 张卡片换 1 块橡皮。
这里的卡片就相当于等价物。
哇，豪特凡卡片真厉害！

我争取存一百万张豪特凡卡片，这样就能换“鹦鹉螺号”潜水艇*啦！
开着它去上课，多酷！
*“鹦鹉螺号”潜水艇：法国作家儒勒·凡尔纳虚构的潜水艇，出现在《海底两万里》和《神秘岛》这两部作品里。
皮皮，我们的学校不是在海底两万里！
不过，我们的皮皮已经知道有了等价物，这些问题就能解决啦！
用豪特凡卡片当等价物，我代表我们班的女生不答应！
不行，豪特凡是正义的使者，保护我们的星球不被怪兽入侵，多了不起！等价物就是豪特凡卡片啦！
大侠饶命！
不要豪特凡卡片！
哗啦 —
小美号
地球

别吵啦！
好好听老贾说！
小明，等一会儿再下去！
那个阿姨好可怕啊！
我们到前面休息一下吧。
等价物也不是十全十美的，它只能解决阶段性的问题。
有新问题出现，就有新的解决办法。
所以说，正是这一个个的新问题和新的解决办法，推动了货币的发展和演变。
货币
演变澡盆
洗了个澡，问题解决！
货币
演变澡盆

豪特凡卡片
就是等价物嘛！
不行不行！
不行！
就行！
老贾，吵得
我头痛！
别急，
我有办法。
就是行呀！
就是不行！别用
臭卡片碰我！
喂——
亲爱的孩子们！
想不想
去博物馆？

明天就去……
钱币博物馆……
了解一下货币发展的历史！
行！
不行！
行！
不行！
中午还有美食等着我们！
不行——！
行——！
美食？！
暂停
哇——
美食啊！

美食呀!
我做的炸猪排不是美食吗？
是……
要说我妈做的炸猪排，那可绝对成不了等价物！
如果她做的炸猪排像货币那样面对新问题时不断演变，演变得越来越好吃，那该多好！
爸爸，有没有猪排博物馆？
孩子，天下之大，无奇不有！

你们磨蹭什么呢？快走呀！
猪排还要花时间解冻呢！

2 沉睡三千多年的贝壳：实物货币的诞生

这些都是我收藏的历代猪排。
皮皮来得正好，本馆特别展出了传说中的香翻天炸猪排。
它是我们的镇馆之宝！
镇馆猪排？
没错！
今天烹饪者也来了，你很走运哟，小家伙！
你将和她合影，并得到她的签名！
最最最主要的是第一个品尝香翻天炸猪排！
品尝就算了，陪她合个影吧！
呵呵，真逗！
有请——香翻天炸猪排烹饪者！

大家好！
我的妈呀！
经过我们的一再研究，香翻天炸猪排是当之无愧的“一级等价物”大奖获得者！
试吃员
皮皮，品尝一下吧！
其实，我天天都品尝……
咦？

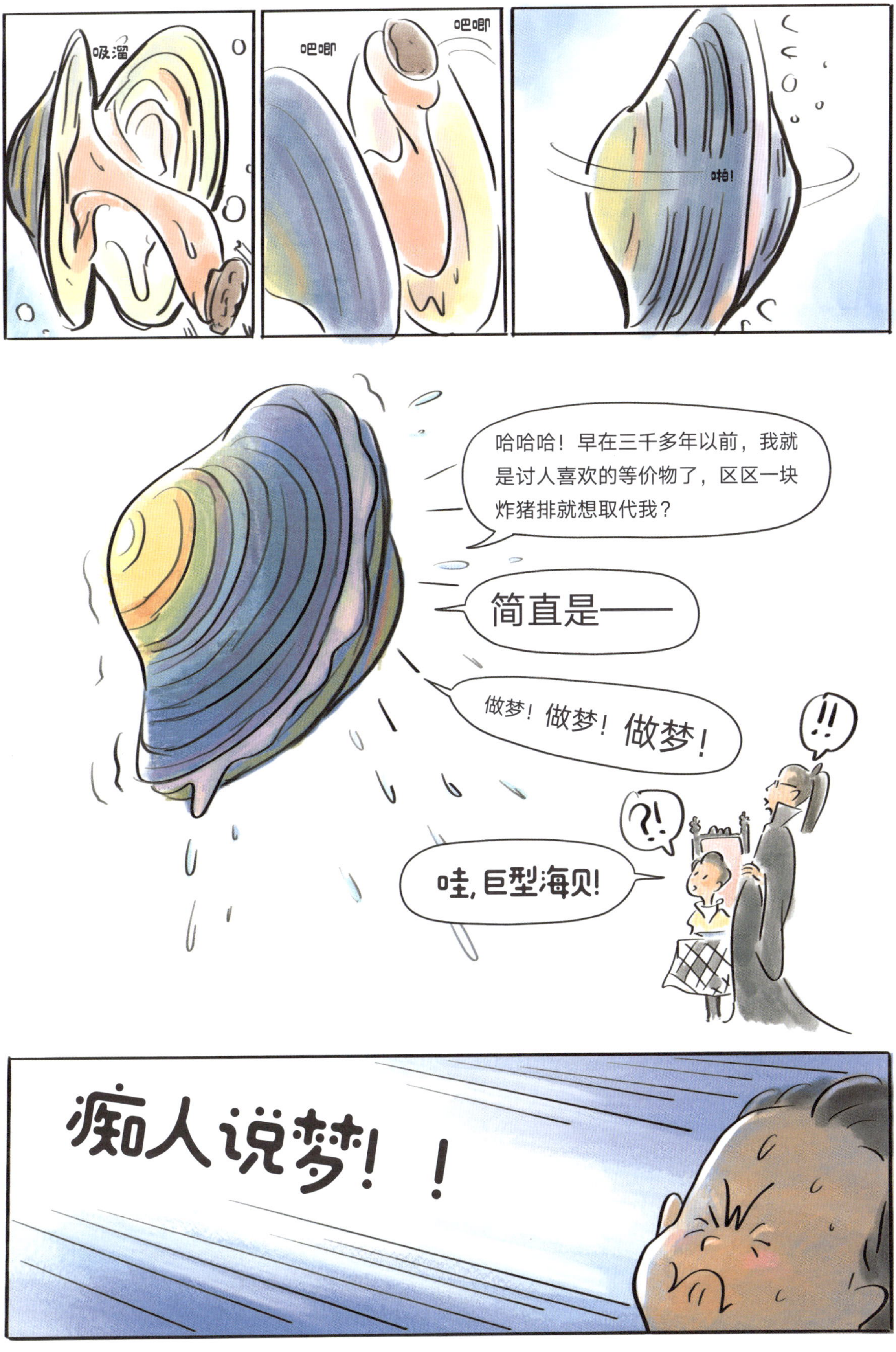
吸溜
吧唧
吧唧
啪!
哈哈哈！早在三千多年以前，我就是讨人喜欢的等价物了，区区一块炸猪排就想取代我？
简直是——
做梦！做梦！做梦！
!!
?!
哇，巨型海贝！
痴人说梦！！

啊——
呼——原来是个梦啊，可真吓人，大贝壳居然吃炸猪排？
嗯？
我是痴人？
又是新的一天！懒虫们，时间就是金钱哪——
妈妈，早饭我们想吃大饼夹油条。
没有！
只有面包夹炸猪排！
咚咚！
砰砰！
留给大贝壳吃吧！

咦，你也梦到大贝壳了？
唰唰
好哇，你抄袭我的梦！
是你抄了我的梦！
唰唰
唰唰
唰唰
大贝壳是我先梦到的！
明明是我先梦到的！！
唰唰
唰唰
喂喂喂，你们一大早在吵什么？
唰唰
唰唰
唰唰
老爸，大贝壳！大贝壳吃猪排！
唰唰
唰唰
难道说……去去去，快点洗漱！
唰唰
唰唰
唰唰
你的炸猪排做好啦！
啪！
那个——给大贝壳吃吧。
小心翼翼
一个个的，怎么一大早都跟贝壳过不去？

到啦！钱币博物馆！
到啦！等价物博物馆！
到啦！钞票博物馆！
到啦——咦？
这里很大，你们不要乱跑，要好好听爸爸讲知识。
好的，妈妈！
咳咳！我要开讲了。
欢迎参观钱币博物馆！
哇——
掌声！

我是志愿讲解员笑笑姐姐，
我很乐意带你们参观！
那个，咱们是不是
在哪里见过？
总有一种熟悉的感觉。
呵呵！
真逗！
真——逗——？
呵——呵——？
请跟我来吧！
钱币博物馆内的建筑布局有如一个“方孔圆钱”，主展厅内常设“中国货币通史陈列”的展览，分为上下两层，博物馆收藏了古今中外的钱币，以及与钱币相关的文物三十余万件。
老贾啊！
嗯嗯！哦哦！

过了一会儿……
爸爸！妈妈！
我们回来了！
哎呀呀，你们跑去哪里了？
妈妈，我好像见到了猪排博物馆馆主。
皮皮，你怎么又开始说胡话了？
老贾，你快来看看！
别问我，我什么都不知道。
怎么总觉得哪里不对劲……
不急，孩子们长大了，总会有自己的想法。
咻
爸——妈——能不能听我把话说完？

说吧，我们听着呢。
真奇怪，我们听笑笑姐姐讲解，总觉得不是在听货币的历史，而是炸猪排的历史。
所以，我们赶紧回来听爸爸讲！
毕竟我爸是从银行辞职的老员工！
我爸是被辞退的老高管！
这话听着真别扭！
我说那姐姐怎么好像在哪里见过？
怎么又是炸猪排？
好了，丢开脑子里的炸猪排。孩子们，让我们开启货币之旅吧！首先从一号展厅开始。
注意了，看的时候把自己想象成那个时代的人，用他们的思维思考，会更容易理解。记住了吗？
我们想顿顿吃饱饭，有啥不好理解的？
记住了！

好，出发！
变——
昨天，我们了解了原始社会末期的以物易物，也就是物物交换。
随着生产力和社会分工的发展，简单的物物交换已经不能满足各部落的需求了，那该怎么办呢？
啊，怎么办呢？
怎么办？
怎么办？
这家人的衣服是从哪里买的？
为了解决这个问题，人们约定用一种物品作为交换的媒介，这就是——
等价物！
对！等价物。
哼哼！
我也知道！
举个例子吧！
比如，某个部落约定把羊作为等价物——

* 咔唔：皮皮和小美假想的“交换”的意思。

皮皮，你愿意拿一只羊换小美的一个果子吗？
当然不愿意！
我还不想换呢！
那么一只羊能换多少个果子呢？
是啊，一只羊又可以换多少条鱼呢？这就麻烦了！
如果换回来的等价物没有及时换出去，或者等价物发生意外，就会产生一定的风险。比如羊生病或死了，所有者就没有办法去交换自己需要的东西了，损失就大了。
羊啊——
幸亏没换！
于是，我们的祖先开始思考……
我想想……
好好想想……
皮皮他没动脑子！
要你管！

跟我来，去商周时期看看！不过我们先换套衣服。
瞧，我手里有个贝壳！
等等，贝壳？！
货币起源
IGIN OF CUR
哇——贝壳！好多贝壳！
我们聪明的祖先想到用海贝当货币。
为什么要用海贝当货币？
海贝？吃猪排的海贝？
* 为了还原博物馆场景，博物馆内的文字牌内容均与中国钱币博物馆的文字牌内容一致。
随着社会发展和物物交换范围的扩大，中原和沿海地区商贸往来频繁，海贝流入到中原内陆地区。人们喜欢把海贝穿成串，当装饰品戴在身上。
我漂不漂亮？
再漂亮也要干活！

海贝的数量比较稀少，而且坚固耐用，又方便计数。
渐渐地，人们用它充当商品交换的媒介，代替了羊、马、布匹等其他等价物，因此，海贝也被称为一般等价物。
好宝贝!
想成币! 死了这条心吧!
淘汰屋
我们来设想一下有了海贝的便利吧。
小美，你会像那位古人一样牵着羊去购物吗?
咩!
才不会呢，有了海贝，就可以揣在兜里了。
皮皮，你的羊生病了，马逃跑了，布匹没法用了……
没关系，我有海贝!海贝啊!
去吧去吧!

海贝果真方便了我们的生活！
人们就像这样把用来交换的商品先换成海贝，再用海贝去交换需要的物品。因此，海贝被称为贝币，也可以理解成钱。
怪不得大海贝说它是讨人喜欢的等价物！
钱！
比如咱们用 30 个海贝换一头野猪，那么一头野猪的价格就是 30 贝币。
成交！
喏，这是 30 贝币。
咱们回去接着吃炸猪排哟！
不要啊！放过野猪吧！
孩子们，贝币是我国出现最早的原始实物货币，也是世界上最早的货币哟！
放手哇！野猪归你了，放手！
你们干吗放了野猪？那可值 30贝币啊！
快逃！野猪！
谢谢！

好，言归正传。
你们知道贝币的计量单位是什么吗？
计量单位？
我只知道，人民币的主要单位是元。
贝币以“朋”为计量单位，这是我国历史上出现的最早的一种货币单位。一般来说，五贝为一串，两串为一朋。不过，关于到底几贝为一串，众说纷纭，没有定论。
=1朋
为什么没有定论呢？
这还不知道吗？海贝的大小不一样呀！比如小的就十贝为一串，大的就五贝为一串。
就像炸猪排，薄一点的，皮皮吃两块；厚的，小美只吃一块！我从不偏心，这就叫公平。

我可以把厚的炸猪排让给皮皮，这叫照顾！
嘻嘻！我把炸猪排通通给老姐！这叫感恩。
你吃你吃！
你吃你吃！
老贾，你看姐弟俩感情多好。
好是好，但我们来钱币博物馆，不是礼让猪排的呀！
孩子们，你们有没有发现，很多带“贝”的字都和钱有关？
你们能说出几个呢？
带“贝”的字？
赚钱的赚、货物的货、购物的购、发财的财……
老陈啊，我没问你。
哦。
你俩说！

贵重的贵！
给皇上的贡品的贡！
啊——不错！
还有呢？
没了。
没了。
这就没了？词汇量太少了，平时积累得不够啊！
还有算账的账、贫穷的贫……
嗯，贷款的贷、贬值的贬！
赃款的赃
赏
贬值的
贬
赃
奖赏的赏
盗贼的
贼
赔
赔本的赔
贫穷的
贪
贪婪的贪
浪费
贫
赏
贪

工资的资！
好厉害呀！
掌声！
呱唧呱唧！

馆内禁止喧哗！
对不起！
快走快走！
嗒嗒嗒

看，这里的展柜展示的是仿造的贝币——骨币、陶币、蚌币！
嗯，为什么要仿造？
是不是社会进步了，生产的物品多了，商品交换多了，真的贝币不够用？
是的，天然贝币不够用了。
小贝币，大用处！了不起！
更了不起的是我们的祖先，不管是天然海贝还是仿造海贝，是他们发现了它的价值，为了创造更好的生活，他们辛勤劳作，用自己的双手推动创新。你们说，是不是很了不起呀？
啊——贝币照亮我们的新生活！
嗯嗯！

嗯？你们的妈妈呢？
刚才还在这里。
啊，该不会被——
老姐，你是说我妈被——
啊——被！贝！
被什么被？上趟厕所还能被钱吃了？

不过，贝币只是货币发展的一个阶段，还有更多形形色色的钱币等着我们，让我们继续往前走吧！

咩——

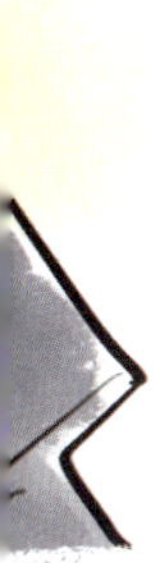

3 藏在石头里的财富：跨越千年的金属货币

金属贝币？
没错，除了天然贝币，还有人工仿制的金属贝币。
看！这是铜贝，那是鎏金铜贝！
金属也能做成贝币吗？
对呀，随着科学技术的发展，人们掌握了一定的冶炼技术，从矿石中提取金属的能力不断提高。人们便将提取出来的金属制成了我们眼前的这些货币。
先秦古人冶炼场景
哇，人们好聪明呀！可为什么要用金属仿制呢？
因为金属物质方便切割，易于保存，不易腐蚀，坚固耐用，方便携带。同一种金属的重量相等，价值就基本相等。
金属
切割
重量相等
制作贝币
价值相等

因为价值相等，所以在充当一般等价物，衡量其他商品价值的时候，就有了统一标准。
好想把妈妈的平底锅给炼了，看看能值多少贝币。
?
不要啊！那是炸猪排的一口好锅呀！
炼了吧！
天然贝币不易切割，很难有统一标准。因此，金属货币渐渐地取代了天然贝币及其他仿贝币。
你的豪特凡卡片一旦切割，就不值钱了吧？
熔化后的金属容易铸造出不同形状的物品。最初的铜贝就是利用了金属的这种特性，才模仿出原始贝币的形态。
滔滔不绝……
再见！
我可是天然贝币啊！
那又怎么样，我可是铜贝！
骨贝
石贝

铜贝的自白
各位，别看我个子小，我的诞生是中国古代货币由天然货币向人工货币演变的重要节点……
也标志着金属货币的出现！
我爱大家！
历史舞台
春秋
战国货币
770BC-221B
AND AUTUMN PER
ARRING STATES PER
哇——大刀！
哇——铲子！
这些也是钱？！
没错，形状像刀的叫刀币，像铲子的叫布币。
布币？
布——
布币源于铲形农具，它产生和流通于以农业为主的中原各国。

刀币源于实用工具削刀，它产生和流通于我国东部和北部从事游牧渔猎的各诸侯国或民族。
过河的船钱！
买羊肉的钱！
不过，不同的诸侯国用的刀币也各不相同。
我是燕国人，喏，我们的刀币叫明刀。
我是齐国人，喏，我们的刀币叫齐大刀。
我是中山国人。
我是赵国人。
我们的刀币叫直刀。
为什么这些货币的形状都不一样啊？
是不是他们谁都不服谁，都想当老大？
皮皮的想法很有道理。
听我说。

在春秋战国时代，人们的生产力水平得到了极大提高，政治、经济和社会也发生了巨大变革，在齐、楚、燕、韩、赵、魏、秦等一百多个诸侯国群雄纷争的年代里……
我们的生产方式不同！
齐
我们的文化发展不同！
楚
我们所铸造的货币形状不同！
燕
货币大小不同！
韩
货币轻重不同！
赵
货币计量单位不同！
魏
但我们都爱生活，爱劳动，爱家人！
秦
这么多货币啊！老姐，我都眼花缭乱了。
是啊，这么多种货币，怎么区分和使用呢？

确实不好区分，但别忘了，
总有解决的办法。
我知道了!
哎呀，吓我一跳!
经过春秋战国时期数百年的民族融合和经济文化交流，
在列国争霸中崛起的秦国最终完成了统一大业，也统
一了货币，发明了秦半两，也就是“圆形方孔”钱。
瞧！秦始皇手里的“圆形
方孔”钱，就是秦半两。
朕统六国，
天下归一!
哇，是秦始皇统一
了货币呀!
哇，厉害!

没错，秦半两的出现，标志着我国古代钱币的初步成熟，
也是我国货币发展过程中的一个重要里程碑。

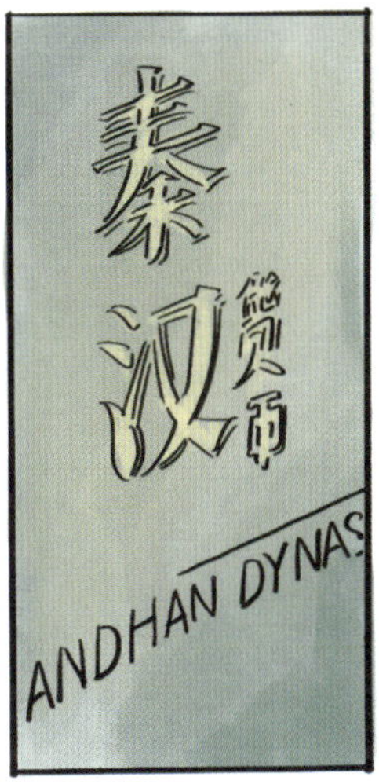

不过，货币的发展并没有停止。
在不同的朝代，有不同的问题产生，也有不同的货币出现。

可以说，货币发展的过程也是中华民族发展的历程。

历史的车轮滚滚向前，到了汉武帝统治时期。
汉武帝是谁？
居然有人不知道我？
就是那个击退匈奴、派张骞出使西域的皇帝。
现在知道了吧？
知道啦！
汉武帝统治时期，先后铸造了半两、三铢钱和五铢钱。
三猪？五猪？
不是小猪的猪。
那是什么猪？
是金字旁的铢。
铢是古代的重量单位，一般二十四铢为古代的一两。

汉武帝进行币制改革，铸造了重量、尺寸、文字统一的五铢钱，作为全国通行的法定货币，并将铸币权上收至朝廷。
皇上说了，五铢钱为本朝法定货币，不得私造，违者斩！
金字旁的“猪”，不就是金猪吗？
这个时期，黄金也比较盛行，当时的黄金已经具有货币的大部分职能，多用于帝王赏赐、贵族间馈赠、大额支付等。
皮皮爱心捐赠豪特凡卡片，赏黄金万两！
哇，发财啦！
小美聪明好学，也赏黄金万两！
太棒啦！
这次又在吵什么呢？
你怎么也有万两黄金？
皇上喜欢豪特凡卡片呗！
?
老贾，咱们家真有万两黄金了。
哈哈哈！
我会好好努力的。
转身
?
?

三国、两晋、南北朝时期又出现了政局动荡、战争频发、朝代更迭频繁的现象，经济发展严重受损。此时的货币品种繁多，而且铸造粗疏。

* 隋五铢的“五”字左侧有一条明显的竖线，而汉五铢的“五”字没有这条竖线。

请问你俩，隋文帝用
五铢钱做了什么事情？
?
?
我知道！
我知道！
用五铢钱换豪特凡
卡片，拯救世界！
用五铢钱开花店，让
世界充满爱的花香！
真香
虽然你们心地善良，但完全不是这么回事。隋文帝杨坚用五
铢钱结束了南北朝以来钱币名称各异、轻重不一的混乱状态。

就这样，隋朝结束了三国以来分裂混乱的局面……
老贾，该去唐朝了！
我喜欢唐朝！
我也是！
唐朝——
唐朝国力强大，文化繁荣，诗文荟萃，人才济济。
唐朝有很多大文豪，比如李白、杜甫、白居易、李商隐等。
人才“挤挤”？
好挤啊，陛下。
谁叫你们是朕的人才呢！
谁的香足踩在我的脸上了？
贤弟，不是我的脚啊。

* 在唐高祖下令铸“开元通宝”以前，钱币上铸有标明重量的文字，叫作“纪重钱币”。

什么是宝文钱？
宝文钱是什么？
宝文钱是以“元宝”“重宝”“通宝”等作为后缀的一种圆形方孔的钱币。
我们以“开元通宝”为例，开元是“开通新纪元”的意思，通宝是“流通中的宝物”的意思。
开元（不是年号）
通宝
“开元通宝”是盛唐气象的代表啊！
老贾，唐朝人挣工资，买东西，都用开元通宝吗？
当然啦！唐朝人跟我们一样，也要养家糊口嘛！
志愿者
比如开元二十四年，
也就是……
公元 736 年！
没错，736 年！

据记载：

一品官员的月工资为——　　二品官员——　　三品——

*唐代杜佑在《通典》里说："至（开元）十三年封泰山，米斗至十三文。"一斗相当于现在的12.5斤，可见当时的米价大概是一文钱一斤，并不昂贵。

盛唐时期，中外交流十分密切，丝绸之路进入发展的黄金期。铜钱随国际贸易流向了沿线的贸易国，伴随着贸易而来的西方金银货币也开始在唐朝的行政区域内流通。

然而……

唐玄宗时期发生的“安史之乱”，是唐朝由繁华转向衰弱的转折点。

唐朝后的五代十国，是中国历史上又一个分裂混乱的时期，在短短几十年间，先后出现了五个王朝和十个地方割据政权，而这样的混乱时期，就会导致出现种类繁多的货币。

唐朝货币
分分合合，合合分分，何时休矣！
爸爸别难过，唐朝没了，还有宋朝！
赶紧的，爸爸！去宋朝！
啊——宋朝！我喜欢宋朝！
别急别急，我们先换身衣服。
?
老贾啊，咱们哪来那么多钱换衣服？
你问我，我问谁？
宋朝的开国皇帝是宋太祖赵匡胤，在他的统治下，国家逐渐从战争的创伤中恢复过来，并慢慢呈现出相对稳定繁荣的局面。
两宋货币
960-1279
SONG DYNAST
宋朝是社会经济、文化艺术和科学技术高度发展的时代，人口数量在历史上首次突破一亿。
官家有钱！
一亿人！
钱
钱
金
辽
边界

宋朝的货币真好看！
上面的字也长得不一样呢！
小美和皮皮观察得真仔细！
！
宋朝的主要流通货币是铜钱，艺术性极强，隶书、草书、行书、篆书等都出现在货币上，还有皇帝亲自书写的御书钱。
每次改元，皇帝都会重铸新的年号钱，所以宋朝的钱币版别多，数量大。
年号开宝，造新钱……
年号乾兴，造新钱……
年号天圣，造新钱……
年号至和，造新钱……
年号熙宁，造新钱……
年号靖康，造新钱……
同时，因为商品交易量过大，铜钱供给不足，也为了防止铜钱外流，朝廷还先后划分了几个铁钱流通区。

北宋时期，主要有四川和陕西河东两个铁钱区。
四川
铁兄！
陕西
南宋时期，除四川外，又增加了两淮和荆湖北路两个铁钱区。
两淮
荆湖
铁兄！
铁弟！
四川
陕西
所以，宋朝也是我国历史上铜钱和铁钱铸造量最多的朝代。
除此之外，白银在宋朝经济中也发挥着重要作用。

至此，金属货币沿用了两千多年，也是我们现在能看到的历史延续下来的主要实物货币。
?
我们班小李妈妈的金项链呀！
我们班小王妈妈的金戒指呀！
我们班小郭妈妈的金手镯呀！
我们班小马妈妈……
项链老粗老粗！
戒指老大老大！
手镯老亮老亮！
你俩有话请直说呀——
哦，我想问，银行、金店里还有卖金条、银条的，那我们现在怎么不使用金属货币呢？
金"鼠"货币呢？
啊哈——这得问你们的爸爸！

这个问题嘛，嘿嘿嘿嘿嘿嘿嘿嘿……
喂，请不要靠在玻璃上！
对不起！对不起！对不起！
请不要“嘿嘿嘿”了，快点告诉孩子不用金属货币的原因！
马上说，马上说。
究竟是什么代替了金属货币呢？
说！
说！
说！
说！
说！
是什么代替了金属货币？快说！
说！
说！
啊！
说！
说！

好！那就让我们继续参观吧！

4 楮纸也能变成钱：纸币的诞生

跟着我走！跟着我走！

老贾，我用豪特凡卡片
换你的纸币。

跟着豪特凡卡片走！
跟着卡片走！
小美，你要去
哪里呀？
!
啊哈！

啊哈——豪特凡卡片领着我们找到了神奇的地方！
?
哪有什么神奇？不就是另一处展柜吗？
哇，好神奇哟，豪特凡卡片真神！
神什么神！展柜里的“圆形方孔”钱从秦代开始到宋代还在用！
你不觉得很神——吗？！
你俩好好瞧瞧展柜上展示的是什么？
一张张小广告宣传单？
宋代就有小广告呀？
走过路过别错过！不臭不要钱呀！
嘿嘿！
千里香臭豆腐
臭

啊，是世界上最早的宣传单！
老姐啊，我和你想到一块儿去了！
嘻嘻
呵呵
不是，不是什么宣传单呀！
展柜里展示的是纸钞的“老前辈”！
你俩别只看图，也要学会看上面的文字啊！
这是我国北宋时期的“交子”，也是世界上最早出现的纸币。
为什么叫交子呢？
饺子？
交子？交子，交……可能是用来交易东西的意思吧！
这是你们老爸自己说的，可不一定对哟！
子嘛，我们习惯把金、银称“金子”“银子”。交，称“交子”很正常啊！

金，金子；银，银子；交，交子！那么豪特凡卡片也可以叫片子咯？
那是当然的咯！
太好了！我的豪特凡卡片是片子，我有片子啦！
老姐，你想不想要片子？
不要！我看你就是个骗子！
老贾，卡片就是卡片，可不好叫“片子”呀！
是呀，老婆子！
离我远点！
想要就说嘛！
好了，让我们言归正传吧！
接下来，讲讲交子是如何产生的。
停！

* 哥老倌、在抓子：四川方言，分别是“哥们儿”“做什么”的意思。

我们的祖先就想，怎么才能找到某种轻便的货币代替笨重的铁钱呢？就这样，纸币“交子”便应运而生了。
哇，耀眼的家伙！
宋
历史舞台
最初，交子在民间自由发行，由个人设立的“交子铺户”为不方便携带巨款的商人提供现金保管服务。
明白了吗？
不明白！
很不明白！
好吧，我来打个比方。
比如，皮皮是很有钱的商人，
数钱中
一，二，三，四……
小美呢，设立了“交子铺户”。
嗡嗡
发呆中

皮皮觉得，身上带这么多钱出去做买卖，既不方便，又不安全。
瞧，皮老板又在炫富啦！
于是，他把所有的钱都存到小美的“交子铺户”保管。
姐掌柜，你是知道的，我是个低调的富豪！
小美要在一种楮纸做的纸券上写好皮皮存入的数额，再交给皮皮。
可恶！皮老板哪来这么多钱！
哎呀！
这是……？
楮纸券，是一种存款凭证。
皮老板，交保管费吧！
小美向皮皮索要保管费，很正常，她也要赚钱。
给！
真小气！
小美挥笔写就的这张“楮纸券”，就是后来的交子。

随着像皮皮这样使用交子的商人越来越多，许多像“小美交子铺”这样的铺户，就联合起来成立大交子铺，并且在各地开分铺。
交子让我们的生活更美好！
一群皮皮！
交
小美饺子铺，您值得信赖的铺！
交朋友
一群小美！
由于这些铺户恪守信用，商人随到随取，交子逐渐赢得了很高的信誉。
交子标兵
第一名
之后，交子铺又印刷了有统一面额和格式的交子，作为一种新的流通手段向市场发行。
小美新书写的交子，以防假冒。
后来，交子铺正式由官府统一管理。
也就是官府经营。

交子的出现，是我国古代货币史上由金属货币向纸币的一次重要演变。
交子铺怎么听着好像现在的银行呀？
爸爸在和谁说话？
对呀！交子铺就相当于古代的银行。
交子铺还有很多分铺呢，就像我们现在的银行在各地设有支行一样，也能随到随取。
爸，爸——你在和谁说话？
爸！
你爸在和人家说话！
嘿嘿，这么说你俩知道交子是怎么回事了？
知道了！
我更知道！
更知道什么，皮皮？
更知道金属货币被交子渐渐代替了！
没错！

不过，宋代虽然出现了交子这样的纸币，但铜钱、铁钱、金银货币也都有使用，白银更是在商品经济中发挥着重要作用。
?
所以呀，交子并没有完全取代金属货币。
老姐，我用“片子”买你的笑！
不要！你这个骗子！
老贾啊！
嗯哼！
你看，在故事里，
皮皮是富商，小美是银行家。
片子！
骗子！
我呢，是家里的总管。
那你呢？
我嘛——
我是骄（交）子！天之骄子！

不管是交子、饺子，还是轿子，馆内都禁止喧哗！
这位爸爸，时候不早了，快回到货币的故事上吧！
对不起！对不起！
讲到哪里了？
宋代！
对，宋代！
从宋代开始，人们使用纸币、铜钱、铁钱和金银货币这样的多种货币形式。
跟我来！
跟我来！
变
元代沿用过……
老贾？
又换衣服了！
变
明代也沿用过……
老贾，这衣服……
又换了！
变
老实交代，哪来的钱？！
你问我，我问谁呀！

爸爸，
你怎么了？
哭了？
别吵了，前面就是中国最后一个封建王朝——清朝。
清朝的社会经济在康熙、乾隆年间达到鼎盛，可是之后……
莫——
哭——
清代
QING
?
?!
康熙帝！乾隆帝！
皮皮爸别哭，朕在位期间，可是国泰民安，风调雨顺啊！
朕也如此！

话是这么说没错，可是到了道光年间……
别说啦！
道光皇帝？
别说了，都是我不好！
第一次鸦片战争的失败，开启了我大清国的屈辱历史！又割地，又赔款！
你？！ 你？！ 你你你割了多少地？！ 赔了多少款？！
爷爷息怒！
呜呜——
不敢……不敢说呀！
其他皇帝
随着西方近代工业和银行业的输入，中西官民金融机构并立存在，货币制度再次进入复杂混乱的时期。
张望
暂停

居然有这样的事情，
真是屈辱啊！
气死我啦！
你们慢走呀——
哎呀！
爷爷！
不堪回首的屈辱……
我们继续跟着历史的车轮
向前走吧。
这衣服和您人
一样漂亮！
哈哈，我们家
老贾买的。

货币接着又经历了辛亥革命时期的演变、
北洋政府时期的演变、
国民政府时期的演变。
老公啊，旗袍！
嘻嘻！
我知道民国！
我也知道！
不太平！
很乱！
很穷！
不富！
民国时期只有几十年，社会的确充满动荡，混乱复杂。
1927年，南京国民政府成立后，开始对货币进行改革。
卖报卖报！货币要大改革啦！
货币大改革啦！

1933 年，国民政府取消银两，一律以银币作为流通货币，银币以元计量，史称“废两改元”，结束了中国几百年的银两制。
哈哈
银币
老银两！永别啦！
一群喜新厌旧的人类！
历史舞台
1935 年，国民政府实行法币改革，实行新的纸币制度，以法币——中央银行、中国银行、交通银行所发行的钞票，取代了市面上流通的金属货币和其他各式纸币，结束了中国白银货币的历史。
让老朽再看看它吧？
还没看够？
白银
法币？
洋人的钱？
用法国人的钱？
法币不是法国人的货币。法币是 1935 年以后国民政府发行的纸币名称。
举个例子，不是说你姐叫小美，她就是“小美国人”，是不是？
但人家说我是小美人！
我可没说，你臭美！
民国旗袍！
裁剪真好！
我老公买的！

人家指的不是你！就像法币不是指法国货币！你是青蛙跳水——不懂(扑通)吗？！
你才癞蛤蟆上马路——愣装小吉普呢！
好了好了！我不管你俩是青蛙还是癞蛤蟆，总之，好好听你爸“花钱”！
妈，不是花钱。
是讲钱！
妈妈平易近人！
不管是花钱还是讲钱，都离不开钱，对不对呀？
妈妈知书达理！
对！
对！
时间就是金钱，让我们赶紧回到钱上吧！
1948年12月1日，在中国人民解放战争胜利进军的形势下，为了适应形势发展，中国人民银行成立并印制发行了第一套人民币。
记住，1948年12月1日第一套！

请问小美！
什么？
我们现在使用的是第几套人民币呀？
不知道！
嘻嘻，不知道了吧？
你知道？
我也不知道！
不知道你嘻嘻什么？
哈哈，是第五套！
第五套人民币从 1999 年 10 月 1 日起陆续发行，有 100 元、50 元、20 元、10 元、5 元、1 元、5 角和 1 角八种面额。

钱的故事该收尾了。
我们要——
换回——
不要啊!
衣服——！哈咪轰——！！
啊，我的“片子”!
孩子们，通过这次有趣的钱币博物馆之旅，你们是不是对钱的前世今生有了基本的了解呢？
老贾啊，那件旗袍多少钱?
哦
掌声!
哦

离开前，让我们再看看展柜里的钱币吧！
它们静静地躺在博物馆里，想要告诉我们什么呢？
没钱不行！
分分合合的钱！
钱无处不在！
没错，小小的货币其实凝聚着人类的聪明才智。
交子
难忘货币，难忘货币。
再见，再见！
再见！

如今，经济高速发展，科技日新月异，
这些变化也在继续影响着货币的演变。
小美，皮皮，这次博物馆之旅长见识了吧！
嗯，满肚子的见识！
见识满肚子！
咕～咕
肚子饿！
饿肚子！
这次妈妈花钱请大家吃饭！
哦！好啊！
哇！好啊！

欢迎光临!
?!
笑笑姐姐?!
嘿嘿，
算是吧!
可以扫码点餐，
什么叫“算是吧”?
也可以看菜
单点餐!
为了犒劳大家，
请你们到外面吃，
我好紧张呀!
您不用紧张!
嗯?!
我们店支持各种付款方
式——手机扫码、付现金、
付数字货币、刷银行卡!

哇！老贾，如今花钱好方便呀！
让老陈破费了！
你们店有什么好吃的？
美食？！
我们店有各种口味的炸猪排！
招牌菜——香翻天炸猪排！今天八八折，很划算哟！
啊！八八折？！
香翻天炸猪排！

半两
杭州

图书在版编目（CIP）数据

钱是怎么来的：那些钱我怎么都不认识？/ 程子著；胡锦平编绘．-- 南昌：二十一世纪出版社集团，2024.1（2025.7 重印）（无处不在的经济学）
ISBN 978-7-5568-7796-6

Ⅰ．①钱… Ⅱ．①程… ②胡… Ⅲ．①货币－通俗读物 Ⅳ．① F82-49

中国国家版本馆 CIP 数据核字 (2023) 第 200284 号

无处不在的经济学
钱是怎么来的：那些钱我怎么都不认识？
NAXIE QIAN WO ZENME DOU BU RENSHI ?

程 子 著　　胡锦平 编绘

出 版 人：刘凯军
策划编辑：高　媛
责任编辑：陈　超
特约编辑：张婷婷　张　颖
责任印制：李彦红
出版发行：二十一世纪出版社集团
（江西省南昌市子安路 75 号　330025）
网　　址：www.21cccc.com
经　　销：全国新华书店
印　　刷：北京顶佳世纪印刷有限公司
版　　次：2024 年 1 月第 1 版
印　　次：2025 年 7 月第 2 次印刷
开　　本：889 mm × 1194 mm　1/16
印　　张：7
字　　数：85 千字
书　　号：ISBN 978-7-5568-7796-6
定　　价：35.00 元

赣版权登字 -04-2023-830　
购买本社图书，如有问题请联系我们：扫描封底二维码进入官方服务号。
服务电话：010-64462163（工作时间可拨打）；服务邮箱：21sjcbs@21cccc.com。